Almas Selvagens

ANDRÉ GARDEL

COPYRIGHT © 2015, ANDRÉ GARDEL
Todos os direitos reservados

COORDENAÇÃO EDITORIAL
Renato Rezende

PROJETO GRÁFICO
Rafael Bucker

DIAGRAMAÇÃO
Luisa Primo

REVISÃO
Leando Salgueirinho

IMAGEM DA CAPA
Manifestação de grupos indígenas em frente ao prédio do BNDES durante a Rio +20. Rio de Janeiro, 17 de junho de 2012. Foto: Guito Moreto / Agência O Globo.

DADOS INTERNACIONAIS DE CATALOGAÇÃO NA PUBLICAÇÃO (CIP)
(CÂMARA BRASILEIRA DO LIVRO, SP, BRASIL)

GARDEL, ANDRÉ
    1ª ED. - RIO DE JANEIRO:
    EDITORA CIRCUITO, 2015

ISBN 978-85-64022-39-3

    1. DRAMATURGIA 2. TEATRO BRASILEIRO
3. TEATRO CONTEMPORÂNEO

10-5582   CDD-150-195

ÍNDICES PARA CATÁLOGO SISTEMÁTICO:
1. DRAMATURGIA: TEATRO BRASILEIRO   709.78633

Almas Selvagens

ANDRÉ GARDEL

Personagens

MÃE
PAI
FILHA
MEFISTO
XAMÃ
HOMEM
MULHER
GUARDA
CHAPEUZINHO
LOBO
MULTIDÃO
GAROTO MESTIÇO DE UNS 12 ANOS
NEUTRO
CLARICE
CAPIVARA
PLUTO

I

MÃE – O que você fez na sua vida foi separar tudo em compartimentos. Uma coisa é uma coisa, outra coisa é outra coisa. Agora, que você precisa conectá-las, aproximá-las minimamente, você está aí, parado, estático diante da tela em branco do Word.

PAI – Você ainda não entendeu nada de mim, mesmo depois de todos esses anos juntos! Não estou estático, estou extático, em êxtase, saindo de mim, pois daqui a pouco entrarei em estado de entusiasmo, e um deus me possuirá e falará por minha boca, e toda a peça se descortinará diante de meus olhos...

MÃE – Meu deus, quanta bobagem! Você acha que acreditando nesses mitos, que você estudou de orelhada, vai sair alguma coisa boa?

PAI – Claro! Não acho, tenho certeza! Aliás, por favor, obrigado por encher a minha taça de vinho, mas agora você poderia me deixar só?

MÃE – Não precisa ser grosseiro...

PAI – Meu amor, você não está vendo que preciso escrever? É algo muito maior do que eu!

MÃE – Sim, mas você está se angustiando à toa! Você está sofrendo à toa! De que adianta ler tudo o que você leu, estudar tudo o que estudou, se você não se arrisca...

PAI – A época das vanguardas já passou...

MÃE – Não é disso que estou falando! Estou falando de engajar a vida no que deseja de verdade. Escrever todo dia, acordar cedo, se dedicar a essa profissão! Só assim você vai entender como pode atingir o seu melhor, quais os caminhos para chegar lá, como, de que modo...

PAI – Você me trata como um amador... Não se esqueça que tenho vários livros publicados...

MÃE – Sim, livros didáticos, de teoria acadêmica, de poesia, resenhas, artigos... Mas de ficção, de dramaturgia...nada!

PAI – Que bela companheira é você! Que força está me dando...

MÃE – A época de se iludir já passou! Você não tem mais idade para começar o que não pode terminar, o que talvez não tenha competência para fazer, e que não inquieta e impulsiona você como um furacão...

PAI – Mas que psicologia barata! É para me provocar, para me desafiar? Se for, é perda de tempo, não farei o que vou fazer para dar qualquer resposta a você, nem a ninguém...

MÃE – Nem a você...

PAI – Isso, nem a mim mesmo. Um deus virá e falará por minha boca.

MÃE – Depois dessa, vou ver televisão! *[MÃE SAI]*

[PAI CONTINUA EM SILÊNCIO DIANTE DA TELA DO COMPUTADOR. OUVEM-SE GRITOS VINDOS DA JANELA. ELE SE LEVANTA E VAI EM DIREÇÃO À PLATEIA. NARRA, ABISMADO, O QUE VÊ...]

PAI – O que é isso?!?! Olha a rapidez com que aquele cão negro foge de toda a gente... não é possível... dando olé em todo mundo...atravessou a rua, parece que foi... atropelado... passou por debaixo de um carro e continua correndo...por entre as pernas de todos, desbaratados, perseguindo ele. O que o bichinho fez de mal? Se o pegarem, será um linchamento... o que é aquilo... está dando voltas, em velocidade crescente, caçando o próprio rabo, em círculos concêntricos... levantando poeira na terra batida da praça... a multidão parou para ver...Tenho que ir lá... vou salvar esse bicho... *[PAI SAI]*

[NO QUARTO AO LADO, A MÃE VÊ TELEVISÃO COM A FILHA.]

MÃE – Seu pai anda um porre! Quando começa com esses ataques de gênio, fica insuportável!

FILHA – "A felicidade do homem é uma felicidade guerreira. Viva a rapaziada, o gênio é uma grande besteira."

MÃE – De quem é isso?

FILHA – Oswald de Andrade.

MÃE – Você deveria recitar esse poema para o seu pai.

FILHA – Já recitei. Mas ele só escuta o que vem dos livros. A gente fala qualquer coisa, ainda que seja de um escritor importante, entra por um ouvido, sai pelo outro...

MÃE – Sabe de uma coisa? Vamos dar uma volta no calçadão? Pegar uma brisa, dar uma distraída? Não aguento mais ficar nesse apartamento!

FILHA – Já desliguei a TV, só vou passar um brilho... Pronto. Tô nova! Vamos?

MÃE – Vou falar com o seu pai! [VOLTA-SE PARA O QUARTO] Gênio inspirado, cadê você?

[A MÃE PERCEBE QUE ELE NÃO ESTÁ MAIS DIANTE DO COMPUTADOR, E QUE A PORTA DE CASA ESTÁ ABERTA.]

MÃE – Mas é um maluco mesmo! Saiu estabanado e ainda deixou a porta escancarada... tenha a santa paciência...

FILHA – Vamos, mãe; papai está cada vez mais doido! Estou louca para comer aquele crepe delicioso na lojinha da galeria. Será que ainda está aberta?

MÃE – Hum, fiquei com água na boca... Vamos! [ELAS SAEM]

[PAI ENTRA PELA PORTA DOS FUNDOS DESOLADO, CABISBAIXO, ARRASADO.]

PAI – Meu deus, ainda tentei salvá-lo... mas parecia dominado por um espírito ensandecido! Deu tanta volta caçando o próprio rabo, que ficou completamente tonto, e depois zarpou em disparada em direção à rua... o ônibus, que vinha a mil, não parou, o motorista nem viu de onde ele saiu... Era um cãozinho todo preto, lindo, olhos vermelhos vivos, fumegantes...

[QUANDO ENTRA NO ESCRITÓRIO, PERCEBE A PRESENÇA DE ALGUÉM. PENSA QUE É A SUA MULHER OU A SUA FILHA.]

PAI – Vocês não sabem o que acabo de viver...

MEFISTO – Me chamou?

PAI – Quem é você? Isso é invasão de privacidade! Vou chamar a polícia...

MEFISTO – Não precisamos de polícia, caro! Sou seu amigo, aliás, sou o melhor amigo do homem, o cachorro engarrafado de Vinicius, sou o cãozinho preto que acabou de ser atropelado...

PAI – Como conseguiu entrar aqui?

MEFISTO – Estive ao seu lado o tempo todo, só esperei a oportunidade exata de aparecer...

PAI – O que quer de mim? Isso é um assalto? Vou gritar!

MEFISTO – Eu? Nada... Por enquanto... não quero nada. Foi você quem me chamou! Clamou em silêncio tantas vezes... e agora, quando me tem, arrega e quer gritar, espernando como uma mocinha mimada...

PAI – Eu?

MEFISTO – Sim, há dias vem me chamando.

PAI – Quer dizer que...

MEFISTO – Isso mesmo: sou o deus da criação que você tanto evocou! Brincou com o fogo, caríssimo, vai se queimar: apareci!

PAI – Meu deus! Espera aí... vou sentar, abrir todas as janelas... preciso de ar... de muito ar...

MEFISTO – Acho melhor não perder tempo.

PAI – Tempo? Que tempo? Sobre o que você está falando?

MEFISTO – Sente-se, por favor. Respire fundo. Estale os dedos. Pode começar a escrever.

PAI – Agora?

MEFISTO – Agora.

II

XAMÃ – Trago na pele a história desse país. Cada mínima parte de meu corpo traz tatuada, escarificada, cicatrizada a narrativa de conquistas, glórias, perdas, derrotas, manhãs, noites altas. Sou o mapa-múndi da história de meu país. Desde muito antes dos primeiros navegadores, dos primeiros andarilhos de mais de 25 mil anos atrás, que atravessaram o Estreito de Bering, cordilheiras, mares, mangues, ribeirões. Fui marcado a ferro, fogo, *laser*, faca, espada, diamante, lança, lasca, lírio, genipapo, urucum. Não tenho dúvidas de que hoje estou aqui, nesse penhasco distante, no extremo desabitado da Terra, acorrentado, com uma águia voltando, sem medida, *métron*, hora, para comer meu fígado, que se regenera após cada ataque, porque guardo todos os segredos na pele. Se só armazenasse todas as informações em minha cadeia genética – numa teia interna com um comprimento de mais de vinte mil idas e vindas ao sol, tudo isso guardado apenas em uma única célula das milhares que me compõem – não causaria tanta *némesis* nos deuses, néscios, boquirrotos, barrigudos, burgueses. O problema foi eu ter marcado, criado marcos, registrado fora, no corpo aberto ao vento, tatuado ícones na pele – como o Queequeg de *Moby Dick* – da memória da vida de meu país. Vocês vão me perguntar de que país eu falo. Ora, do meu. Do meu país. Localizado em berço esplêndido, à luz de sol profundo, fulguras, ó Brasil, florão da América, não, não és tu, não é pau, não é pedra, não é Pedro Pedreiro, não é o fim do caminho. Meu país se esboça na revolta da vacina, no junho de 2013, na cara pintada, nas diretas já. Meu país desliza pela língua, escorre, baba lustral, em *semiose* infinita. Meu país consagra a vida a erguer e a destruir mundos, a acolher povos, etnias, danças, maxixes, passinhos. Meu país inaugura, celebra, recupera, depois deixa escorrer pelos dedos, dádivas, florestas. Pois bem, agora a narrativa de meu país exige ser contada, mimética, agonística, nagô tupinambá, filha de Maíra, branca, branca, branca, lua branca, lua, lua, lua, lua. A narrativa é daqueles que ficaram lá, ora nos jardins, ora nos sertões, ora nos mares, ora nas montanhas, ora nas cavernas, casebres, palácios. Como tenho olhos de águia, consigo vê-los daqui desse penhasco íngreme, ingrato, dilacerante. Como tenho olhos de águia consigo pensar como um deus e como um homem, e sei fazer contas inacreditáveis, pois sinto todas as dores do mundo. Como tenho olhos de águia, vejo mais do que cogitara, do que minha natureza em trânsito permitira. Homem-mulher, Diadorim-Tirésias, Rômulo-Remo, Pólux-Cástor, Apolo-Ártemis, Aquiles-Pátroclo, Esaú-Jacó, pois me apaixonei pela transitoriedade dos homens, pela inconstância, pela multidimensionalidade do corpo, pelos mistérios de Freud e Elêusis, cada um emitindo luz incandescente a sua maneira. [REPARA NUM VULTO SE APROXIMANDO] Mas, o que é isso? Não pode ser! Um mortal! Um mortal se aproxima... Foge mortal, foge, pois se os deuses descobrirem você aqui, você será castigado, empalado, vampiros chuparão seu sangue, virará zumbi...

HOMEM – Abandonei os jardins cultivados com amor, passei por carvalhos e baobás, cruzei Etnas, Himalaias, cabos e tormentas, redemoinhos, areias movediças, selvas selvagens, acompanhei o rio oceano ao redor da terra, desci as espirais do inferno, voltei do centro da terra numa casquinha de noz e, agora, estou aqui, diante de quem minha alma se liquefaz ao ver que sofre, ao saber que teve seu sangue derramado, pois somos do mesmo *guénos*, da mesma tribo, da mesma estirpe, antílopes sagrados, ateus. Vim para soltá-lo, Xamã Prometeu, calculei pitagoricamente as possibilidades de intervalos das vindas da águia que te aniquila, tortura, mortifica o fígado. Entendi a música das escalas modais dos voos pontuais da ave predadora, entendi a música das esferas, Bach-báquica. Águia que é um capricho dos olímpicos, uma máquina de melífluas ambrosias, néctares, nenúfares, mais do que uma máquina bélica futurista marinettiana... rapina rupestre que é uma farsa gótica, um grito abafado de guerra, o último suspiro da razão. Trouxe alicate para quebrar os grilhões, tomate para jogar nos deuses bufões, mate para tomarmos chimarrões na descida desse pícaro incandescente, indecente, inconsútil. Vamos à ação, irmão Xamã, preciso voltar para o amor, os jardins cultivados, pois abandonei há muito a vida na incerteza do abismo, das quedas d'água chorando nas encostas, dos riscos de uma existência experimental, só voltei a isso, agora, para te resgatar, mestre.

[HOMEM CORTA, COM PRECISÃO SAMURAI, OS GRILHÕES GRIS QUE PRENDIAM A CHAMA DO XAMÃ.]

XAMÃ – Os deuses Big-Brothers que tudo veem, das torres dos presídios, dos castelos, dos satélites ao redor da terra, do Olimpo recém vitorioso, onde impera um Zeus careta, devem ter pestanejado, e não nos perceberam escapulindo, certamente ainda roncando numa *siesta* sátira. A hora é de fuga alucinada, pois minhas narinas de bode expiatório já sentem cheiro de rapinaria no ar...

[DESCEM AOS TRAMBOLHÕES: XAMÃ, UM GIGANTE PÉ GRANDE DE MUITOS METROS, UM TOTEM/ TABU DE CRAIG; HOMEM, UM ET DE MAIS OU MENOS UM METRO SPIELBERGUIANO; AS PEDRAS ROLAM PELO DESFILADEIRO, FERIDAS SE ABREM EM AMBOS OS CORPOS, ROEDORES SE ENTOCAM AINDA MAIS, ESCORPIÕES LEVANTAM O RABO-FERRÃO, FERRAM-SE, MORREM.]

XAMÃ – Como é seu nome, homem filho de um jaguar com uma Eva primordial?

HOMEM [RECITANDO À MODA DOS PNIGOS – SUFOCADORES – DA COMÉDIA ANTIGA] – Édipoorestesmusilfassbinderpasolinibobdylancaetanogilcazuzamachadoirmãoscampospessoaaquilesarltborgesairamelvilleviveirosdecastrococteauxbaudelairerimbaudginsberguimarãesrosacartolanelsoncavaquinhonerudavieiraqorposantotorquatopoundtupinambávillaloboseuclidesmorrisonhendrixmautnerkurosawamichimanagôeisensteinwhitmanmaiakóvskinovalishölderlinbowieadãoklébnikovgolemkafkabenjaminrancièrebarthesbuarquedehollandaviniciusbandeiragregórioleminskidantevirgíliogoethebüchnershakespearedasilvaxavieraleijadinhomariooswaldmurilochicosciencehomerowallygracilianodrummondartaudbrandodeanoctaviopazorfeuodisseucabraldemelonetojorgedelima.

XAMÃ [EM ÊXTASE] – Que nome lindo! [RECUPERANDO-SE, LIMPANDO-SE DA QUEDA TRÁGICA]

HOMEM – Você não sabia meu nome, mas eu sei o seu. Você não sabe que é sangue do meu sangue, mas eu sei que você é.

Você não sabe que na minha comunidade todos te esperam, mas eu sei muito bem e preparo a festa. Você não sabe que me criou do barro, mas eu não me esqueço e vim te salvar com minhas armas frágeis.

XAMÃ [Brusco no corte] – Mais algumas léguas e estaremos na entrada do Hades... Veja, chegamos: o Estinge, Caronte já vem, vamos.

[Entregam moedas de Janus ao barqueiro e seguem na barca veneziana esquelética.]

HOMEM – Mas como me deixarão entrar no Hades, vivo, solar, pastor, agricultor de plantas, pirâmides, softwares, flores mortais?

XAMÃ – Se você olhar para o lado esquerdo sua vida se transformará em caos; se olhar para o direito prosseguirá, progredirá; se olhar para trás se enredará no seu passado, passos pesados, drama profundo; se olhar para frente encontrará o nirvana, mas desafiará os deuses... então, cristãmente, mantenha a cabeça abaixada, voltada para a terra, *húmus*, humilde humano mano maná. Somente me dê a sua mão e eu te guiarei. Tenha certeza de que você verá sem ver um reino subterrâneo mais exuberante, cheio de sons, cheiros, toques, paladares do que o que verei, com a minha visão plena, nas estalagens do Tártaro, Asfódelos, Campos Elíseos. Na Ilíada, a América é uma intuição futura, pois o Hades, nos versos cantados/ recitados pelo rapsodo Homero, pai criador da nossa literatura, se encontrava no extremo ocidental do mundo...

HOMEM – Não há outra saída? Temos que lamber as três línguas das cabeças de Cérbero, dialogar com Pluto, visitar Perséfone, Agamêmnon, Perseu, Teseu, Orfeu, meu igual, meu irmão, meu Xamã toscano?

XAMÃ – Sim.

HOMEM – Eis a minha mão direita, autenticando a eterna primavera de nossa união, mostrando que não estou armado, como se fazia no Brasil Colônia.

XAMÃ [SEGURANDO A MÃO DO HOMEM] – A partir de agora somos um único e mesmo personagem.

[ABRE-SE O CENÁRIO DA CIDADE. PRÉDIOS DE VIDRO E AÇO, MEGAPAINÉIS FALANTES, ESTAÇÕES DE METRÔ, DE ÔNIBUS AÉREOS, PRAIAS DE NUDISMO, NÁDEGAS E NARGUILÉS, VIADUTOS SINUOSOS, AUTOPISTAS, RUELAS, BECOS BABILÔNIAS, BALCÕES, BABÁS PASSEANDO COM CARRINHOS DE TRIGÊMEOS, JAMANTAS, JANELAS, IGREJAS GÓTICAS, VILINHAS COLONIAIS, MANSÕES ART DÉCO, PISCINAS, COLINAS, HORTAS NAS COBERTURAS, ÓCULOS DE SOL, CAIPIRINHAS, CARRÕES, CARRINHOS, CADELAS, CALÇÕES DE BANHO, TOPLESS.]

XAMÃ – Preciso levar – ser levado por – você a um lugar especial, a um recanto de onde se vê o Redendor de pedra sabão de costas, a seus pés a floresta tropical, tropicália, penetrável, parangolé. Preciso ser levado por – levar – você à rua em que os anões são feitos de setas e jogados contra alvos móveis, os calvos perdem o pelo do corpo, todos os Reis são da Vela, todas as Bocas são de Ouro e todos querem conquistar espólios da guerra da mais valia, do capital, do Capitólio, Wall Street, Bolsa de Tóquio, São Paulo, Rio, é só apertar bem a minha mão.

HOMEM – Posso deixar de olhar para o chão?

XAMÃ – Não.

HOMEM – Mas sinto passarem corpos atrás de mim, quase me tocarem com suas espadas, metralhadoras, navalhas... meus olhos esperneiam acidez lacrimogênea. Quem são eles, o que querem de mim?

XAMÃ – Comprar a sua alma por um preço altíssimo, altissonante, altruísta para você e depois revendê-la o mais barato possível ao primeiro aventureiro que aparecer. Oferecem empréstimos com facilidade voraz, mas na hora de suspendê-los, não aceitam pagamento à vista, alimentam-se de juros, correções, juros sobre juros, correções sobre correções, extração de dentes, roupas, imóveis, mobílias, o que você tiver.

HOMEM – E se eu não tiver nada?

XAMÃ – Arrancam o nada, o vazio, o intervalo, a síncope, a pausa, o descanso.

[SE APROXIMA A MULHER.]

MULHER – Queridos, podem me dizer as horas?

XAMÃ – As mortas ou as vivas?

MULHER – As da cidade, onde você se encontra agora, diante de mim, rodeado por grandes corporações, ações, arrivistas ríspidos, prédios vertiginosos.

XAMÃ [APÓS OLHAR PARA UM RETÂNGULO DE SOL QUE SE DESENHAVA NA CALÇADA, VITORIOSO POR SOBREVIVER AO ATRAVESSAMENTO DOS IMENSOS PRÉDIOS FRAGAS, INTANGÍVEIS] – Pela intensidade mortiça do deus da claridade, é hora de sumir daqui.

MULHER – Olha, nada disso, meu querido, fica mais, eu te peço, há muito não cruzava com pessoas tão simpáticas. Vejo que vocês são muito unidos, vivem de mãos dadas, é o amor que mexe com minha cabeça e me deixa assim... aliás, formam um lindo casal, meu irmão também é gay, se apaixonou, casou, adotou filhos, entrou para uma ONG dos direitos anti-homofóbicos, desfilou em paradas, vive bem, minha família o aceitou tranquilamente, assistem novela juntos, pai, mãe, tia, tio, avó, eu, ele, o marido dele, o cachorro, o papagaio, a empregada, as crianças adotadas brincando brigando gritando diante da tv...

HOMEM – Preciso olhar a face de quem emite essa voz...

XAMÃ – Sinta o cheiro, a ambiência, o tom, o porte, a presença, a sombra da pose dela e imagine, dê dinâmica, movimento, faça cinema vídeo fotografe com um *drone* o *selfie* de sua mente.

MULHER – Posso pagar a vocês um café?

XAMÃ – Não.

MULHER – Que bom que vocês aceitaram. Conheço um bistrô a dois passos do paraíso daqui, logo ali, aqui perto, dentro de dois minutos, um suspiro, algumas lágrimas e estaremos lá.

[PEGA OS DOIS PELOS BRAÇOS – ELES CONTINUAM DE MÃOS DADAS POR DETRÁS DELA – E OS LEVA COM FORÇA INCOMUM, QUASE UM PARADOXO OXIMORO ANTÍTESE PARA AQUELA BELEZA FRÁGIL.]

MULHER – Já imaginaram – escutou, Homem, escutou? –, já imaginaram uma casa de campo em Macaé de Cima? Um carrão último tipo, marcha automática, luzes ao redor, disco voador, som *high tech*, inteligente, sensível, amigo, um cavalo, Bucéfalo, falos de material similar à pele humana, macios, eletroeletrônicos, para livre uso de vocês na hora que desejarem um pouco mais de ... um pouco mais de... tempero, pera uva maçã, maçarico, massa *al dente*? Já imaginaram?

HOMEM – Não consigo imaginar nada devido à aridez das palavras que ela projeta, esfaqueando sem piedade as moléculas de ar... São palavras sem rio, sem água, sem cordel ou correnteza, palavras sem sal, sem signo, alegoria, fiapos de sonhos, sem sina, sino, dança. Não consigo, Xamã, me ajude...

XAMÃ [RESIGNADO] – Sim, imagino.

MULHER – Pois é, tenho o crédito exato, para pagar em dois mil novecentos e sessenta e três dias e 47 minutos do segundo tempo. É só assinar, assassinar, assaltar o banco com esta caneta de grife, de grifo, da Grifinólia.

XAMÃ – Cadê? Quero uma!

MULHER – Chegamos. Essa é por minha conta.

XAMÃ – Conta outra.

MULHER – Isso não se faz com uma dama...

XAMÃ – Nem com um bispo...

MULHER – Com uma rainha...

André Gardel [21]

XAMÃ – Com um rei...

MULHER – Com uma torre...

XAMÃ [ARRASTANDO O HOMEM, QUE ESTAVA PARADO DIANTE DA VITRINE, INTUINDO QUE HAVIA MÁQUINAS DE MOER CAFÉ ANTIGAS ALI, QUERENDO OLHAR SEM PODER, OS OLHOS VIDRADOS NO CHÃO, EXCITADO, ATADO, ATÁVICO, À FLOR DA PELE] – Xeque-mate, minha índia charrua engarrafada, minha fada de faca na boca, pirata louca, piranha do Velho Chico, carranca, Carrara. Adeus, adeus, adeus, palavra que faz chorar, adeus, vou para não voltar, e onde quer que eu vá, sei que vou partir, vou levar o Homem, meu nome, minha hereditariedade, um lance de dados jamais abolirá o acaso, na esquina, com *jokermen* de fino trato ou vagabundos profissionais.

MULHER – Eu vou te matar...

XAMÃ – Não vai não.

MULHER – Vou sim.

[SURGE O GUARDA BELO, O GUARDA COSTAS, O GUARDA VOLUMES, O GUARDA MALAS, O GUARDA EM CRISE, O GUARDA TRAUMATIZADO, O GUARDA PSICANALISADO, O GUARDA ARREPENDIDO.]

GUARDA – Querem a minha guarda? Há uma discussão desguarnecida, desgrudada, desguardada. Querem atenção, algo mais, querem porrada?

XAMÃ – Não.

GUARDA – Então sumam daqui, seus merdas, que essa mulher é minha!

HOMEM – Pela voz, ares, perfumes, odores, esse guarda não é municipal, estadual ou federal, é guarda privado, descartável, da privada, pivô do crime organizado.

XAMÃ – É o guarda que torturou e matou durante a ditadura, missão bandeirante exilada no Rio.

HOMEM – Não, você está confundindo tudo, quem esteve exilado no Rio foi Mário de Andrade, que odiava baratas, o calor, a malandragem do carioca em não pagar as contas...

MULHER – Quero meu dinheiro de volta!

XAMÃ – Que dinheiro?

MULHER – O que perdi ao perder tempo com dois idiotas que viraram espertos e me reviraram. Tenho direito legal, oficial, vou ao tribunal de pequenas causas, fui lesada, perdi o senso, a memória, fui agredida, lei Maria da Penha neles, seu guarda, meu homem, meu amor... [O GUARDA E A MULHER SE BEIJAM APAIXONADAMENTE. XAMÃ E O HOMEM APROVEITAM PARA FUGIR.]

HOMEM [CORRENDO] – Estou sentindo cheiro de carne queimada. Bem passada. Mas é um cheiro que guarda algo doce. Minha vó, quando eu era um jovem na primeira adolescência, e fui visitá-la em Porto Alegre, fritou uma carne para mim que saboreei com gosto, deliciosa; então, perguntei: vó, o que você faz para que essa carne fique tão deliciosa? Ela respondeu: coloco uma pitada de açúcar na hora de fritar...

Sim, é um cheiro que me lembra proustianamente isso, memória involuntária, Voluntários da Pátria: é esse o nome da rua em que estamos?

XAMÃ – Não falei que você não poderia levantar os olhos, Homem feito de terra, barro, água suja, pântano pantagruélico? Você ergueu os olhos e leu a placa afixada no prédio da esquina?

HOMEM – Não, uma menina linda, loura, pequena, amiga, Alice, alada, doce, ressoou esse nome aos meus ouvidos ainda há pouco e... partiu...

XAMÃ – Aquela menina sentada na escadaria do outro lado da rua?

HOMEM – Ela mesma, a vesga, a linda, a minha amiga.

XAMÃ – Como você sabe que é ela, e ainda que é vesga, pois você não pode levantar a cabeça e confirmar que ela é ela mesma?

HOMEM – Sei que é. Meu instinto de filho de um jaguar com uma Eva primordial, filho do sol e da lua, do demiurgo que nos deu a ciência do arco e da flecha, diz que é.

XAMÃ – Vamos atravessar a rua.

HOMEM – Não posso.

XAMÃ – Vamos.

HOMEM – Não posso.

XAMÃ – Por quê?

HOMEM – Os carros são traiçoeiros, são muitos, são velozes, furiosos, são maldosos, são malditos, vão me matar, vão me torturar, vão me levar para o DOI-CODI, vão me fazer de bode, vão me sacrificar, vão queimar a minha pele que vai cheirar como o bife de minha avó.

XAMÃ – Deixa de besteira.

HOMEM – Vai você e pergunta a ela se ela é ela mesma.

[A MENINA ACENA DO OUTRO LADO DA RUA. LOIRINHA. VESTIDA DE CHAPEUZINHO VERMELHO. O LOBO SENTADO AO LADO, DE ÓCULOS ESCUROS. UM IMENSO APARELHO DE SOM PORTÁTIL TOCA LOBO BOBO, DEPOIS ESTÁCIO, EU E VOCÊ, DEPOIS A MÚSICA TEMA DE CREPÚSCULO. ELES DANÇAM.]

XAMÃ – Você precisa despedaçar a couraça de medo que aquela louca de Wall Street, apaixonada pelo guarda Belo, colocou, medieval armadura, em seu corpo. Tenho que desconstruir isso. Vou fazer uma pajelança.

[ABRE SUA MOCHILA E RETIRA DIVERSAS ERVAS, INSETOS, FLORES SECAS. FAZ UMA FOGUEIRA DE PAPEL, ACESA COM ÁLCOOL SÓLIDO ROSA PARA CHURRASQUEIRA, E COMEÇA A CANTAR E A DANÇAR. ENQUANTO ISSO, O HOMEM COMEÇA A CAVAR O CHÃO. PRIMEIRO COM AS MÃOS, QUE SANGRAM, DEPOIS COM UMA PEDRA QUE ENCONTRA NA CALÇADA.]

XAMÃ [DANDO-SE CONTA, APÓS RÁPIDO ÊXTASE, DO QUE O HOMEM ESTAVA FAZENDO] – Não acredito... você está cavando um buraco para chegar ao outro lado da rua?

HOMEM – Sim, não suporto dinossauros, principalmente os movidos a gasolina, álcool, gás, energia eólica ou solar, não suporto baratas de lataria, rodas, pernas de borracha viris, violentas, não suporto chassis.

XAMÃ – Confia em mim. Vamos atravessar, a maré não vai encher, o máximo que pode acontecer é uma multidão insatisfeita jogar pedras, coquetéis molotov, vidros de vidraças estilhaçadas em nós, a qualquer hora isso pode acontecer... Vamos, vem, não larga mais a minha mão...

HOMEM [ACEITA, TITUBEIA, TATEIA, VAI] – Ela está fumando ópio num narguilé?

XAMÃ – Não.

HOMEM – Ela está de pé?

XAMÃ – Não.

HOMEM – Ela ainda está lá?

XAMÃ – Não.

HOMEM – O que aconteceu a ela?

XAMÃ – Tudo indica que o lobo a comeu.

HOMEM – Onde diabos estamos? Em que círculo do inferno? Em que círculo militar? Em que curto-circuito? Em que forças armadas?

XAMÃ – Estamos nos porões da ditadura. Aqui não tem cura, nem coragem, ninguém perde a viagem, capa ou mata, finca ou fura, fere a alma, deixa marcas, não tem xixi minha nega não, meu filho.

HOMEM – Então o cheiro de queimado...

XAMÃ – Choque elétrico... Choque de ordem... Filho de chocadeira...

HOMEM – A menina que me sussurrou o local, que deu sentido às minhas ações, que me salvou da escuridão, que me encheu de fé?

XAMÃ – Um espírito de menina torturada e morta.

HOMEM – Meu saco dói.

XAMÃ – É a boca de cão adestrado para morder sem matar.

HOMEM – Meu cu sangra e rasga...

XAMÃ – É o cassetete dentado enfiado e tirado aos poucos, delicadamente.

HOMEM – Minhas palmas das mãos e pés, minha unhas...

XAMÃ – Palmatória... alicate... prensa hidráulica...

HOMEM – Estou de cabeça para baixo, costas ardendo, torto, curvado como um feto infeliz...

XAMÃ – Está no pau de arara...

HOMEM – Me tira daqui, Xamã ciborgue, Dioniso cubofuturista!

XAMÃ – Claro. Vamos pegar esse ônibus que está passando.

HOMEM – Vamos, por favor, vamos, saiamos logo daqui [MUDANDO DE TOM] Vai para Ramos?

XAMÃ – Não. Vai para Copa.

HOMEM – Cabana?

XAMÃ – Sim, aqui dentro parece que estamos numa cabana maloca milagres da modernidade provinciana carioca, o motorista vai a mil e ninguém reclama, embriagados de ar condicionado.

HOMEM – O moço, em seu delírio individual, escuta um deus cantar no *headphone*.

XAMÃ – A velha não cospe a raiz mastigada na vasilha para fazer o cauim, a velha vê sessão da tarde no tablet.

HOMEM – Vamos descer.

XAMÃ – Como você é nervoso, precipitado, inchado, insano, agourento, corvo de Poe, cagado de urubu!

HOMEM – Vai tomar no cu!

XAMÃ – Minha imagem e semelhança, meu filho pródigo! Sacrifique, Abraão, seu filho Isaque para mim, agora, já, leve-o a uma montanha isolada, prove que tem fé cega, faca amolada, prove, demonstre o seu amor mais sadomasô por mim!

HOMEM – Já puxei a cordinha, já acendeu a luz para o motorista iluminado, o ônibus já parou, já estamos andando numa nova rua. Continuo humilde, cabeça voltada para a terra, minha mãe, *ctoniana*, cadela fúria erínia, me lambendo os rins, me transportando em bigas movidas pelo silêncio.

XAMÃ – Não acredito.

HOMEM – O que foi?

XAMÃ – Sente a maresia, a folia de Netuno ao nos ver! Tritões, trintões, tridentes, trava-línguas, trânsito livre, fluindo, sem obras da prefeitura, lavagem de dinheiro, nepotismo congênito!

HOMEM – Maresia, sente a maresia! É das boas! Colombiana, tenho certeza.

XAMÃ – É um país que tem praias no Atlântico e no Pacífico.

HOMEM – Não quero saber de outros países, agora eu só vejo as pedras portuguesas do calçadão de Copacabana...

XAMÃ – A princesinha do mar...

HOMEM – Vamos dar um mergulho?

XAMÃ – Vamos!

[NESSE MOMENTO, UMA MULTIDÃO PERSEGUE UM GAROTO MESTIÇO DE UNS 12 ANOS, MAGRELA, BANGUELA, CHEIRADO DE COLA, FUMADO DE CRACK, FUGINDO CAINDO CHUTADO MASSACRADO LINCHADO... ATÉ QUE APARECE O NEUTRO – HUMA-

*NO NEUTRO, NEM HOMEM, NEM MULHER, HERÓI DE QUADRI-
NHOS, SILVER SURFER DE SEXUALIDADE NEUTRA, O NEUTRO
DE BARTHES, SE DECIDINDO TERMINANTEMENTE PELA VIDA,
CORRENDO TODOS OS RISCOS — E DESAFIA A ESTUPIDEZ DA
MULTIDÃO, TIRA O CINTO DA CALÇA E ABRE CAMINHO COM
CHICOTADAS PARA TODOS OS LADOS, A FIM DE SALVAR A VIDA
DO MOLEQUE.]*

NEUTRO – Abram caminho, vendilhões do templo, covardes, habitantes do cu do mundo, mente coletiva abortada, agindo como manada, mascarados, bárbaros! Abram caminho, filhos do inferno da justiça pelas próprias mãos, justiceiros traiçoeiros de merda! Abram caminho que uma vida humana está sendo degradada! Um brasileiro está morrendo! Um filho de deus! Abram caminho, súcia de sádicos cruéis!

MULTIDÃO – Quem és tu, forasteiro, nem homem nem mulher, nem salário nem dinheiro, nada te compra, nada te detém! Que força emana desse corpo frágil/ forte, sul e norte, América inteira, também Central, vociferando justiça?

NEUTRO – Minha embarcação já chega [*NESSE INSTANTE, UM IMENSO TRANSATLÂNTICO ATRACA NAS AREIAS DE COPA*], meu cavalo de batalha, minha nave espacial, meu transporte público, meu meio de sobrevivência, meu navio de cruzar deserto. Vamos, ajudem, triste nação de recalcados, magoados, frustrados, sementes retorcidas, me ajudem a levar o menino para o meu navio, lá a tripulação não tripudiará dele, lá ele não roubará somente para provar a si mesmo e aos outros que está vivo, lá tenho todos os primeiros socorros, um lugar calmo para ele se recuperar, rodeado por bandos de socós, em paz, numa lagoa piscina na proa do meu Titanic.

MULTIDÃO – Será que ainda está vivo?

NEUTRO – Agora não há mais tempo para arrependimento, bando de jumentos, ajudem, ajudem!

HOMEM – Será que ele vai sobreviver?

XAMÃ – Não sei, o estrago foi grande.

HOMEM – Nunca fui filho de gente graúda, tudo o que conquistei foi com minhas mãos, meu suor, minha batalha! Não sou filho dessa elite podre de famílias *Belle Époque*, de famílias imperiais que mandam e desmandam, que comandam a moral, a política, a economia carioca. Todos os transgressores dessa cidade são filhinhos de papai mimados, são família, são malditos do bem! Se baiano não nasce, estreia, carioca, por sua vez, vive dando show, vive em cena de novela operística, pagodeira.

XAMÃ – Você quer se transformar em peixe? Preciso decodificar sua força humana e recodificá-la em força vital pisciana; a passagem entre esses códigos é feita por meio do significante flutuante. Você terá momentos de neutro, como nosso herói. Quer? Vou me preparar para a operação, para a tradução, para a transcodificação.

HOMEM – Sim, quero sim. Quero muito. [MUDA DE SENSIBILIDADE, MOVIDO PELO RUÍDO] Mas que novo burburinho é esse, que vem galope à beira-mar?

XAMÃ – O transatlântico, quando aportou, jogou uma sereia na areia, metade busto de uma deusa maia, metade um grande rabo de baleia. Estão querendo comê-la, aquela mesma multidão que quase massacrou o neguinho.

HOMEM – E o que é aquilo na Avenida Atlântica, à minha direita?

XAMÃ – Uma manifestação contra o aumento de passagens, contra a carestia, contra o prefeito e o governador, mas as forças do Estado estão dando cacetada pra cacete, mandando bala de borracha no quengo, soltando guirlandas de spray de pimenta.

HOMEM – E aquilo à minha esquerda, na mesma avenida?

XAMÃ – Briga de torcidas organizadas, as quatro grandes do Rio em atrito histérico simultaneamente, todos estão se espancando ao mesmo tempo, sem medida, sem polícia, marcaram briga pela internet!

HOMEM – Eu só queria dar um mergulho, tirar a energia pesada do corpo, tomar um passe, ser batizado por João Batista, me sentir um golfinho feliz, ficar bem, renovar a vida...

XAMÃ – Estamos no Hades, Homem, e você foi condenado à humildade, ao sofrimento, ao autoflagelo, à punição.

HOMEM – Por que, meu Deus?

XAMÃ – Você está vivo no Reino dos Mortos, tem que pagar um preço qualquer, e o preço que foi reservado a você, por Pluto, foi esse.

HOMEM – Por quem? Onde está esse puto?

XAMÃ – Está em reunião com Robespierre, Nem, Escadinha, com o Bope, com a Rainha da Inglaterra, com Michael Jackson, com os camelôs. Estão jogando porrinha para saber quem é o grande campeão da pirataria.

HOMEM – Como você sabe de tudo isso?

XAMÃ – Já jogaram futebol com a minha cabeça, cortada pela guilhotina, já ameaçaram de morte minha tribo, minha família, já me venderam droga malhada, já me cobraram impostos indevidos, já passei o dia na fila para ser atendido, já fui roubado, extorquido, já atiraram em mim por nada, já fui parado por falsos policiais na madrugada e já fui metralhado por não parar o meu carro em falsa blitz. Mas como sou xamã, sobrevivi a tudo isso. Sei de tudo porque sei ler a mente alheia, sei usar a telepatia... da teoria do caos, só eu sei dos mistérios de sua existência...

HOMEM – Por isso que você estava preso naquele penhasco em que fui te resgatar, meu amo?

XAMÃ – Não. Estava preso porque amei mais aos homens do que aos deuses.

HOMEM – Me tira daqui, por favor, vou enlouquecer com tanta balbúrdia, com tanta violência, com tanto zumbido, ruído, tanto cheiro de sangue, carnificina, pancadaria, padarias sendo quebradas, mulheres desamadas, homens cruéis, me tira daqui, Xamã gênio da lâmpada!

XAMÃ – Seu pedido é uma ordem.

HOMEM – Onde estamos?

XAMÃ – Na Noite de Valpúrgis, canto do Fausto de Goethe.

HOMEM – Onde?

[ENTRA CLARICE LISPECTOR.]

CLARICE – Oi, você quer me entrevistar? Seus olhos da cor do mar são incontornáveis, você se chama Chico Buarque de Hollanda? Vamos logo ao assunto, nada de rodeios, pois aves negras, harpias, mulheres que ficaram para tias, já vêm montadas em suas vassouras supersônicas, cuidado! Eu sou a melhor, sou a melhor escritora desse país, está escrito nos muros do metrô: Clarice é deusa!

HOMEM – Lispector?

CLARICE – Não, Macabéa.

HOMEM – Eu, quando era criança, passeava com meu cachorrinho pelo quarteirão onde você morava, na Gustavo Sampaio, no Leme. Toda vez que passava em frente ao prédio onde disseram para mim que você morava, minhas pernas bambeavam, o ritmo mudava, me sentia enfeitiçado, com outra andadura, o ar rarefeito, uma nuvem negra cruzava o sol de verão: eu queria saber quem era verdadeiramente você, ainda não tinha lido nenhum livro seu, ou melhor, eu ainda não tinha lido livro nenhum... meu cachorrinho pequinês sentia também, sexto sentido ligado, latia, gania, calava exausto...

CLARICE – Zoofilia?

HOMEM – Bruxa mãe! Bruxa safada! [ABALADO] A terra revoluteia, o que é isso? Um tufão? Quem vem lá?

CLARICE – São as bruxas de Macbeth! Estão levando Rei Lear

e Ricardo III para o Tártaro. Uma se chama Lilith, a outra Eva, a outra Margarida.

HOMEM – Onde estamos?

CLARICE – Não sei.

XAMÃ – Mula sem cabeça, Saci, Tupã, Anhangá, espíritos malignos, a cabaça, o chocalho está falando, são os meus antepassados, peraí que vou ligar meu *MacBook Pro* para ouvir o que eles têm a dizer...

CLARICE – Quero te comer, Homem, agora, sem ritual, na volúpia deste momento sagrado, sou *A Vênus das Peles*, de Sacher-Masoch; *Justine e Juliette*, de Sade...

HOMEM – Não posso olhar para você.

CLARICE – Por quê?

HOMEM – Senão jamais sairei deste lugar.

CLARICE – Bobagens, meu filho, bobagens! Deixa de ser tolo, você não é Orfeu, nem personagem do Antigo Testamento... Nem Romanceiro da Inconfidência de Cecília, nem palhaço do circo Piolin, nem personagem do Mistério Bufo de Maiakóvski, nem de Goldoni Arlequim servidor de dois amos, menos ainda o Bobo de Lear, sempre Lear, eterno Lear...

HOMEM – Quero muito olhar para você.

CLARICE – Olha, meu amor, joga toda a sua vida nesse olhar, me olha por inteiro, me sente, me come, vem, te quero!

HOMEM [LEVANTANDO A CABEÇA LENTAMENTE, DESCREVEN-
DO, NESSE MOVIMENTO, TUDO O QUE VÊ] – Crepúsculo sanguíneo das praias mais arcaicas, mais selvagens – de onde o Barco Bêbado de Rimbaud zarpou, de onde os argonautas se lançaram atrás do velocino de ouro, onde o exército grego se alojou para a tomada de Troia, onde aconteceu o Dia D na segunda guerra mundial, onde encontrei a maconha da lata – lança a luz que fere o olho no fundo mais inatingível da retina da pantera de Rilke, do meu tio Iauaretê, da aurora boreal, luz última quando voltarei a ser jaguar angelical, náufrago trágico-marítimo da Escola de Sagres! [APAVORADO POR INTUIR QUEM CLARICE VERDADEIRAMENTE É...] Não... não... não pode ser... você é a ...

XAMÃ – Medusa, a bela que virou fera sanguinária... Usa o escudo, homem, usa o escudo de espelho, porra, e corte-lhe a cabeça, corte-lhe a cabeça de cabelos de serpente, homem de Copas das cartas de baralho lógico da narrativa de Alice! Vamos, corte-lhe a cabeça!

HOMEM – Não. Vou abaixar mais uma vez a cabeça.

XAMÃ – Você quem sabe, infeliz do país que precisa de heróis... [CANTA] "A loucura, meu amigo, está apenas começando, o milênio, os delírios estão apenas começando..."

HOMEM – É sua essa música?

XAMÃ – Sim, fiz isolado, depois de ter matado um inimigo que a aldeia comeu, lutei contra o mana dele por dois meses, com o auxílio de meu mestre xamã avô, até que o meu inimigo, de quem havia estraçalhado a nuca com o porrete, me apareceu em sonho e me ensinou essa canção! Incorporei-o, escarifiquei minha pele com o nome de mais um inimigo que matei, fiquei mais forte, depois fui ensinar a letra e a melodia da canção, e a dança correspondente, para os meus irmãos guerreiros da tribo.

HOMEM – Vamos para a Rodrigo de Freitas? Vamos para a Lagoa?

XAMÃ – Já estamos nela.

CAPIVARA – Passei dias arquitetando um casebre para proteger minhas crias nesse mangue oleoso, mancha preta na qual volta e meia os peixes morrem em bando, as águas apodrecem, canoas pontiagudas competem entre si para ver a que rasga as moléculas de água com mais vigor... como nenhuma consegue, pois as moléculas de água não se desgrudam umas das outras, as canoas flutuam, e todas acabam perdendo, não há vencedores na *agon* pós-moderna, não há o número um – Brahma/ Globo/ Romário – e eu fico feliz. Quis conviver com os homens, macacos evoluídos de Darwin, quis a convivência pacífica, mas eles são primários, primatas, medíocres, medrosos, comedores de pipoca e guaraná nas sessões do *Lagoon*, não dá, não deu, tive que me isolar.

XAMÃ – Veja as pinturas/ instalações nos prédios ao redor dessa lagoa que já foi mar, que já teve um porto para levar Dom João ao Jardim Botânico, e que meus irmãos chamavam de Sacopenapã.

HOMEM – São lindas! O que querem dizer? São códigos de passagens? São portais? São signos criptografados? Grafiteiros fenícios deixaram gravados enigmas para as gerações futuras decifrar?

CAPIVARA – Não se afobe não, que nada é pra já... não sei, acho que não. Parecem mensagens geográficas, conduzidas para o sentido por nossos olhos, por nossa recepção, como as que Artaud leu no México, só que na topografia da cidade flechada. Os céus, nesse rincão da cidade maravilhosa, são cinzentos escorregadios, a chuva é ácida, e ontem nasceu, aqui do lado de minha fortaleza de gravetos, uma criança abortada, que já saiu da barriga da mãe, uma puta descamisada, armada, faca nos dentes, sabendo de tudo, ágil e, no entanto, memoriosa como Funes, ciente dos milênios de opressão, descaso e abandono que teria que enfrentar ao voltar a este mundo. [MUDANDO DE TOM] Bem, chega de papo furado, agora vou atrás do que comer, meus filhos clamam, grunhem, choram! Comigo não tem essa de perder tempo com enigmas, consultando dicionários de mitologia, a vida urge, minha atenção está toda voltada para isso, ainda mais se os funcionários da prefeitura e do zoo vierem me resgatar: irei para um abrigo para animais selvagens, e perderei meu quinhão conquistado na luta renhida pela sobrevivência, a minha propriedade privada nesse mangue metido a besta, onde o metro quadrado vale mais do que o de castelo europeu...

XAMÃ – Vejam, luzes multicoloridas, piscantes, configurando desenhos no ar... Será o pôr do sol? Há um sol no Hades? Vi, pela manhã, um retângulo de sol na calçada, mas depois vim a saber que era artificial. [ASSUSTADO] Não, espera, alguém conduz uma árvore que pulsa plena de luzes... quem vem lá?

PLUTO – Eu, Pluto, rei do Hades, vim instalar uma árvore de Natal flutuante nas águas da Lagoa, cheia dos guizos falsos da alegria, com luzes multicores, com mil desenhos que se formam de acordo com as mudanças acionadas das luzes. Tenho uma permissão da prefeitura, tenho um documento dos bombeiros, tenho grana no bolso, posso tudo, nessa colônia ainda de exploração, não mudou nada ao longo dos anos, as Capitanias Hereditárias comandadas por coronéis civilizadores continuam podendo tudo, fazendo de tudo, mandando e desmandando do jeito e do modo que bem entendem, sob o falso império da lei.

XAMÃ – Quantas voltas na cauda foram dadas, assim que nos viram entrar nas portas do inferno?

PLUTO – 20.

XAMÃ – A lagoa é o grau vinte do inferno?

PLUTO – Sim.

HOMEM – Estão começando a crescer chifres em minha careca. Como dói! Ai, ai, ai, que dor infernal, não sei o que fazer, já me arranho, me unho, me rasgo.

PLUTO – Você é da tribo das carpideiras?

HOMEM – Não, sou cristão tupinambá iorubá grego arcaico, condenado por você, Pluto, rei do território subterrâneo, a ficar com a cabeça baixa, mirando eternamente a terra, local de onde saí e para onde voltarei. Ai, meu deus, que dor! Ganhar chifres dói! Mas me apaixonei um dia pela rainha das Amazonas, Pentesileia, de beleza feiticeira, e já me autoflagelei muito por sofrer essa coita amorosa, essa paixão impossível. No entanto, vivo cultivando meu jardim, sonhando com a volta de minha deusa – pensei que a Waleska Popozuda fosse a sua mais recente reencarnação, mas não era não –, cheio de amor, esperando a volta vitoriosa da guerreira, que partiu para lutar contra os olímpicos e não voltou mais.

XAMÃ – Quem jogou o vírus do chifre em você foi Mefisto, Satã, em troca da chave da criação que ele lhe deu diante de seus clamores incessantes. Ele está preparando você para ser membro de elite das hostes infernais, general de batalha, com chifre, rabo e fedendo a enxofre. Segura a onda. A dor só vai passar quando você decidir de verdade o que quer fazer de sua vida na vigília. Aqui você está na produção de imagens do sonho, na máquina de gerar símbolos da noite, sonado, sondando o desconhecido, no reino abissal do inconsciente. Mas nada de melancolia, a merencória luz da lua não virá, vamos ao Jardim Botânico, nosso local de resgate. [MUDANDO DE TOM] Vejam, meus amigos/ irmãos, a peste se aproxima outra vez: se organizam, em silêncio escandaloso, grupos neonazistas, grupos neostalinistas, grupos neoxiitas, renova-se e revitaliza-se a Ku Klux Klan. Vamos pela Borges de Medeiros contando causos – como no Decamerão de Bocaccio/ Pasolini –, caminhemos em paz para aquele paraíso de palmeiras imperiais, ainda que a peste se espalhe pela cidade, em meio a acidentes de trânsito e ruas esburacadas.

PLUTO – A partir de agora você, Homem, deixará de ser homúnculo, deixará de ser somente cristão e poderá olhar nos olhos dos habitantes do Hades. Você está livre da escravidão do elemento cristão de sua formação, poderá ser a mistura de elementos que bem entender/ sentir, se deixar influenciar, negociar, incorporar antropofagicamente o que quiser. Mas, apenas um aviso, Franz Biberkopf tupi dos Trópicos, cuidado com as bacantes, elas estão a sua espreita...

HOMEM – Por quê? Nunca duvidei de Dioniso, nunca deixei de entrar em transe, nem nos momentos em que fui mais intensamente cartesiano teleológico filho de Adão!

PLUTO – Elas não suportam que você ame apenas Pentesileia Popozuda, vão estraçalhar você, sobrará apenas sua cabeça flutuando no Rio dos Macacos. Um viciado em crack a achará e saberá que é a sua cabeça, começará a adorá-la e será o seu sacerdote mais fiel. Terá inicio, assim, o culto de sua imagem, de suas ideias, vingará a sua religião na Terra dos Homens.

HOMEM – Logo eu? Por quê? Pai, por que me abandonaste?

PLUTO – Deixa de melodrama, crise de identidade, sofrimento e dor! Aceita com honra o teu destino!

XAMÃ – Eparrei!

HOMEM – Adeus, deus supremo dos subterrâneos, lembranças para a sua esposa, Perséfone maravilhosa!

III

PAI [*Em estado letárgico*] – Mas que merda de cena final! Sem inspiração, sem graça, já com cara de drama, previsível, sem força vital.

MEFISTO – Foi demais para você, não?

PAI – Do que você está falando?

MEFISTO – Foi demais para a sua cabecinha aprisionada na família e na felicidade regrada pelas leis e compromissos politicamente corretos da cidadania contemporânea, foi insuportável o delírio que seu inconsciente pariu de presente para você!

PAI – Demais por quê? Não vi nada demais no que escrevi... aliás, é tudo muito ruim, um pastiche da pior espécie, vou deletar...

MEFISTO – Espera! Envia para um concurso de dramaturgia; vou dar um jeito de você ganhar!

PAI – Ganhar para quê?

MEFISTO – Ora, para ganhar uma grana preta, para deixar de ser miserável, para deixar de ter a autoestima baixa, para deixar de se sentir um merda, desrespeitado pela mulher e pela filha!

PAI – Mas por que você se interessa tanto por mim? O que você quer de mim, bode de pés invertidos, ser da capa preta, homem/ mulher?

MEFISTO – A sua alma!

PAI – Kakakakakakakaka! Estou me cagando de rir! Que coisa mais *démodé*, mais ultrapassada, mais cheirando a mofo literário: aqui, nessa civilização, todos já venderam a alma há muito tempo! Ninguém vale nada, todos fazem qualquer papel por grana, fama e poder! Como você caiu na esparrela de pensar que eu entraria no seu joguinho de feira de subúrbio?

MEFISTO – Você se engana. Todos venderam a alma para o meu irmão caçula, o Dinheiro. Eu sou o primogênito, o verdadeiro anjo caído, o antagonista de deus no Prólogo no Céu, eu sou Satã, em pessoa. Só me interesso pelas almas que valem verdadeiramente a pena, que valem a perda de tempo... como a sua...

PAI – Quanta honra... kakakakakakakakakaka...

MEFISTO – Ok. Sua mulher e filha estão voltando. Vou preparar o ritual.

PAI – Que ritual? Que papo é esse? Eu é que vou te comer! [A MULHER E A FILHA ENTRAM NO QUARTO] Mulheres... joguem a rede nele, a mesma que condenou Agamêmnon à morte; depois, joguem os livros da estante, abafem o caso, reinimizem esse guerreiro bárbaro, cacique da tribo dos anglo-saxões!

MÃE E FILHA [DEPOIS DE TEREM REALIZADO O QUE PAI MANDOU, FALANDO À MODA JOGRAL] – Teremos mesa farta hoje!

MEFISTO – Não acredito que estou vivendo isso...

MÃE E FILHA [SEMPRE FALANDO À JOGRAL] – Cala a boca falastrão, dono do corpo, dono da vida material dos homens, das ambições, dos desejos mais recônditos, das traições e vilanias mais inesperadas. Chegou a sua hora!

PAI – Esse capeta parece bem mais saboroso do que os outros, como não posso saboreá-lo, já que terei que guerrear com seu mana por muitos dias, espero que vocês, minhas amazonas queridas, façam bom proveito dessa carne suculenta, tenra, avermelhada.

FILHA – Pai, você é o meu herói, é o maior caçador de capetas que já conheci!

MÃE – Meu amor, que belo troféu!

MEFISTO [COM VOZ ABAFADA, SOB O MAR DE LIVROS] – Sei reconhecer quando perco uma batalha. Vou partir. Mas terá volta, o mundo gira escritorzinho de merda, me aguarde, o mundo gira escritorzinho medíocre, me aguarde! [AS MULHERES COLOCAM FOGO NOS LIVROS. UMA FOGUEIRA ALTA SE ACENDE. CHEIRO DE PAPEL E CARNE QUEIMADA.]

CAI O PANO.